1

2

3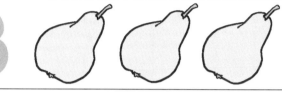

4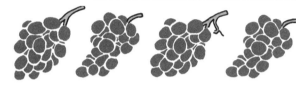

5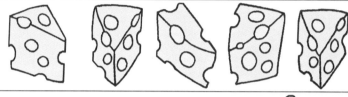

6

7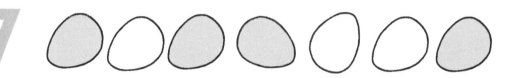

8

9

10

1
one

School Zone® Publishing Com

ere is | of something. Circle the | thing.

ace |. Then write |.

2 two

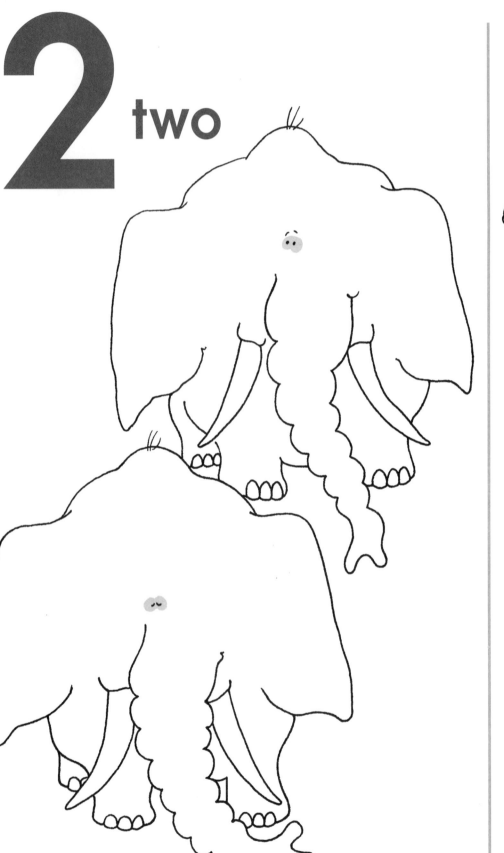

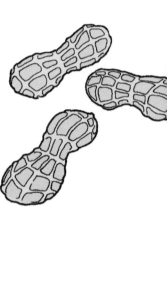

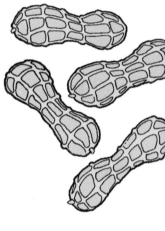

ere are **2** of something. Circle the group of **2**.

ce **2**. Then write **2**.

3 three

ere are **3** of something. Circle the group of **3**.

ce **3**. Then write **3**.

4 four

here are **4** of something. Circle the group of **4**.

ace **4**. Then write **4**.

5 five

School Zone® Publishing Comp

here are **5** of something. Circle the group of **5**.

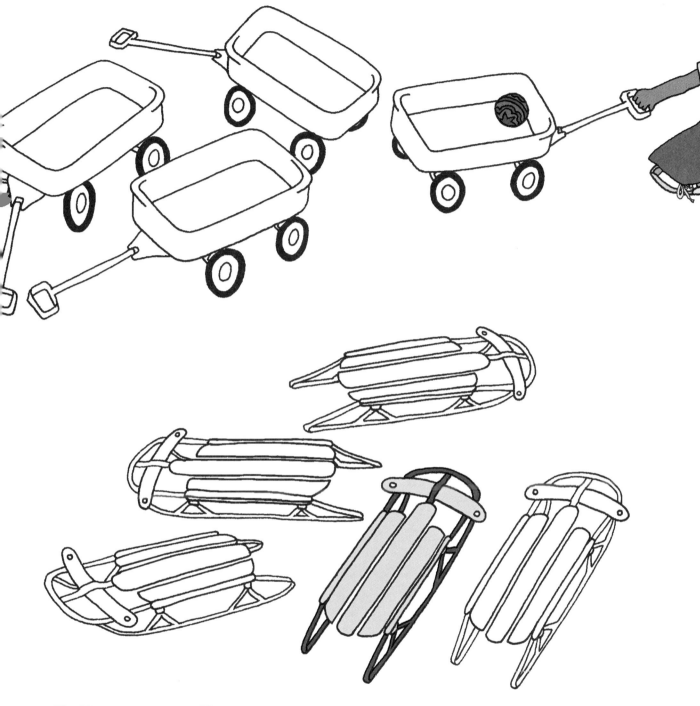

ace **5**. Then write **5**.

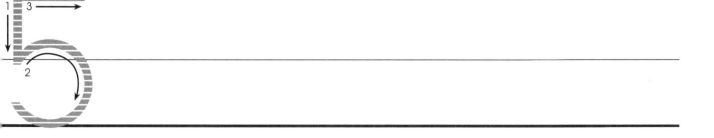

6 six

here are **6** of something. Circle the group of **6**. ▬▬▬▬▬▬

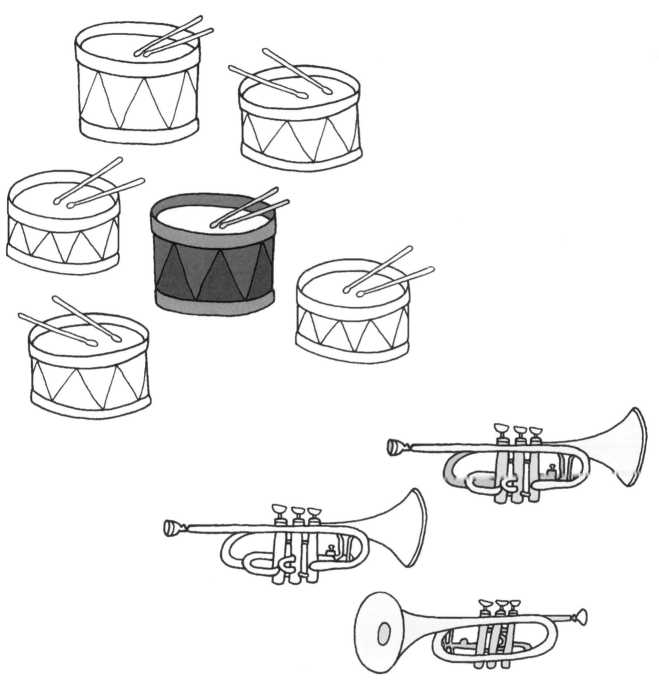

ace **6**. Then write **6**. ▬▬▬▬▬▬▬▬▬

7 seven

ace 7. Then write 7.

Circle **8**

8 eight

here are 8 of something. Circle the group of 8.

race 8. Then write 8.

8

9 nine

here are **9** of something. Circle the group of **9**.

ace **9**. Then write **9**.

10 ten

School Zone® Publishing Compa

here are **10** of something. Circle the group of **10**.

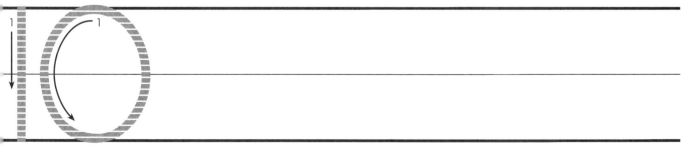

ace **10**. Then write **10**.

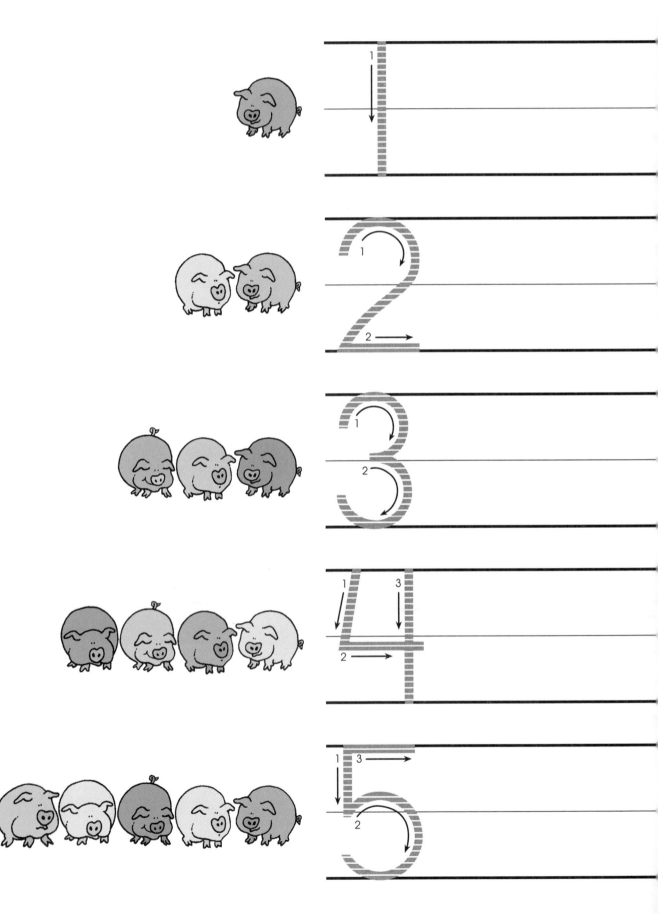

School Zone® Publishing Comp

ace the number. Then write it.

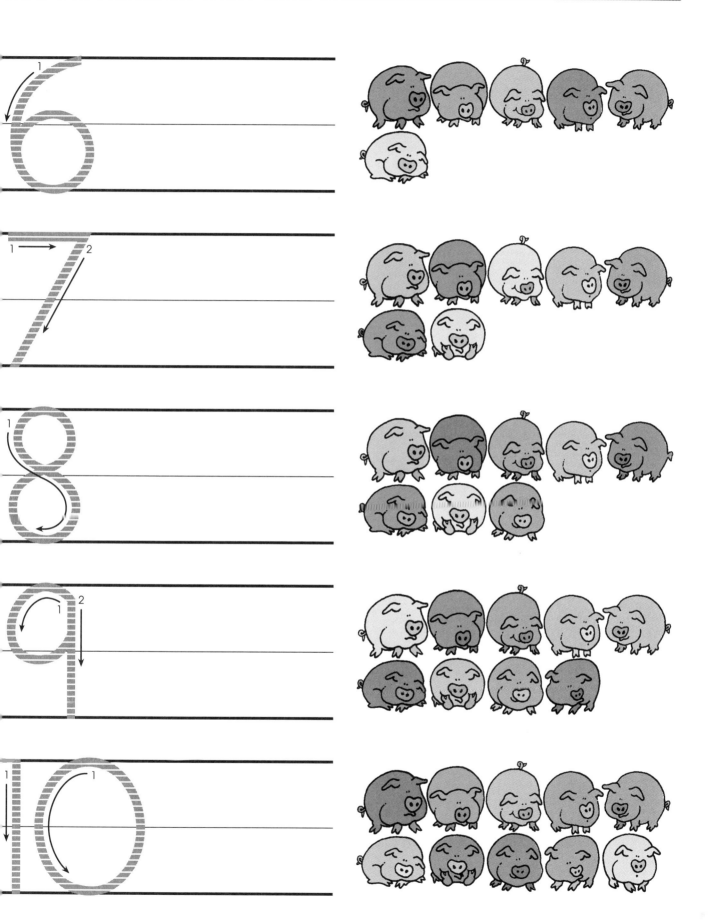

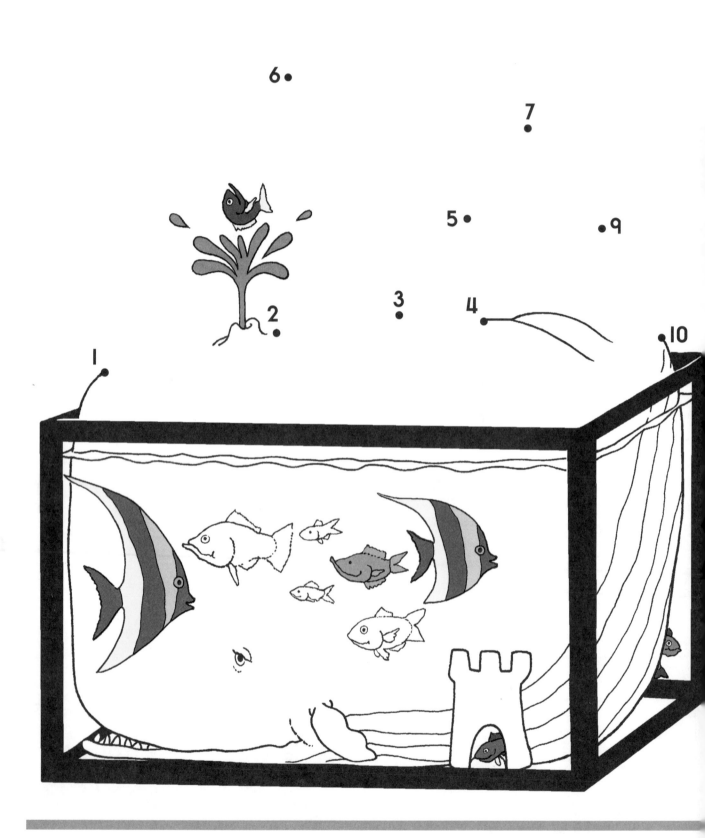

8 9 10

3 4 5

5 6 7

7 8 9

ircle the correct number.

5 6 7

8 9 10

7 8 9

2 3 4

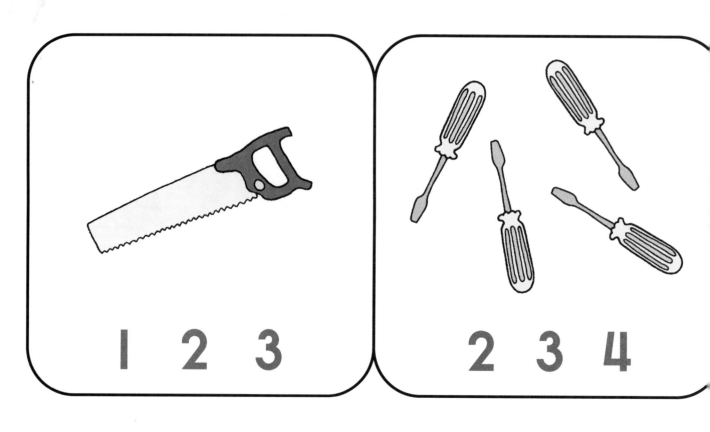

1 2 3

2 3 4

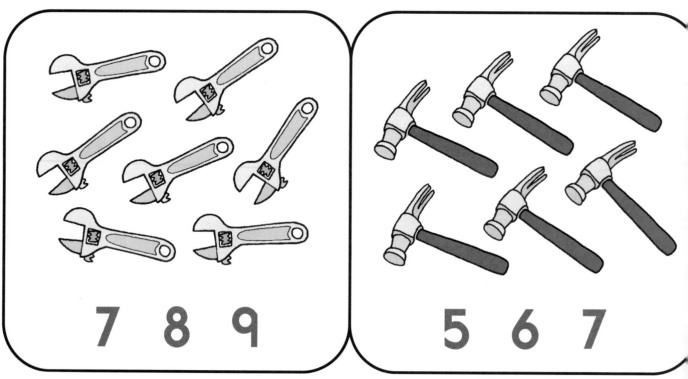

7 8 9

5 6 7

School Zone® Publishing Compa

ead the word.

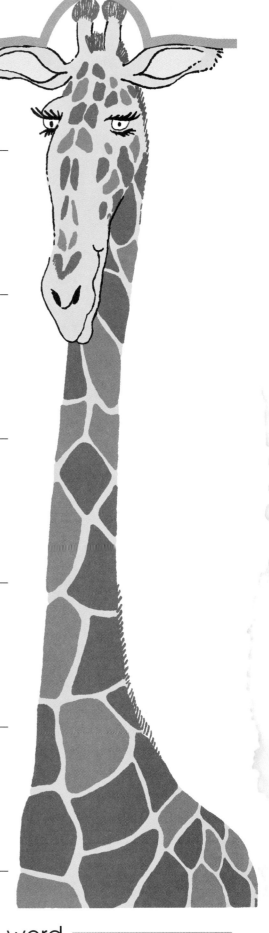

three   2   4   3   10

five   5   7   4   6

seven   2   10   7   8

one   1   2   10   6

six   8   6   5   9

ircle the number that is the same as the word.

ten   6   10   7   8

four   3   4   6   8

eight   1   2   8   9

two   4   3   2   9

nine   5   1   7   9

Circle the number that is the same as the wor

rite the correct number on the line.

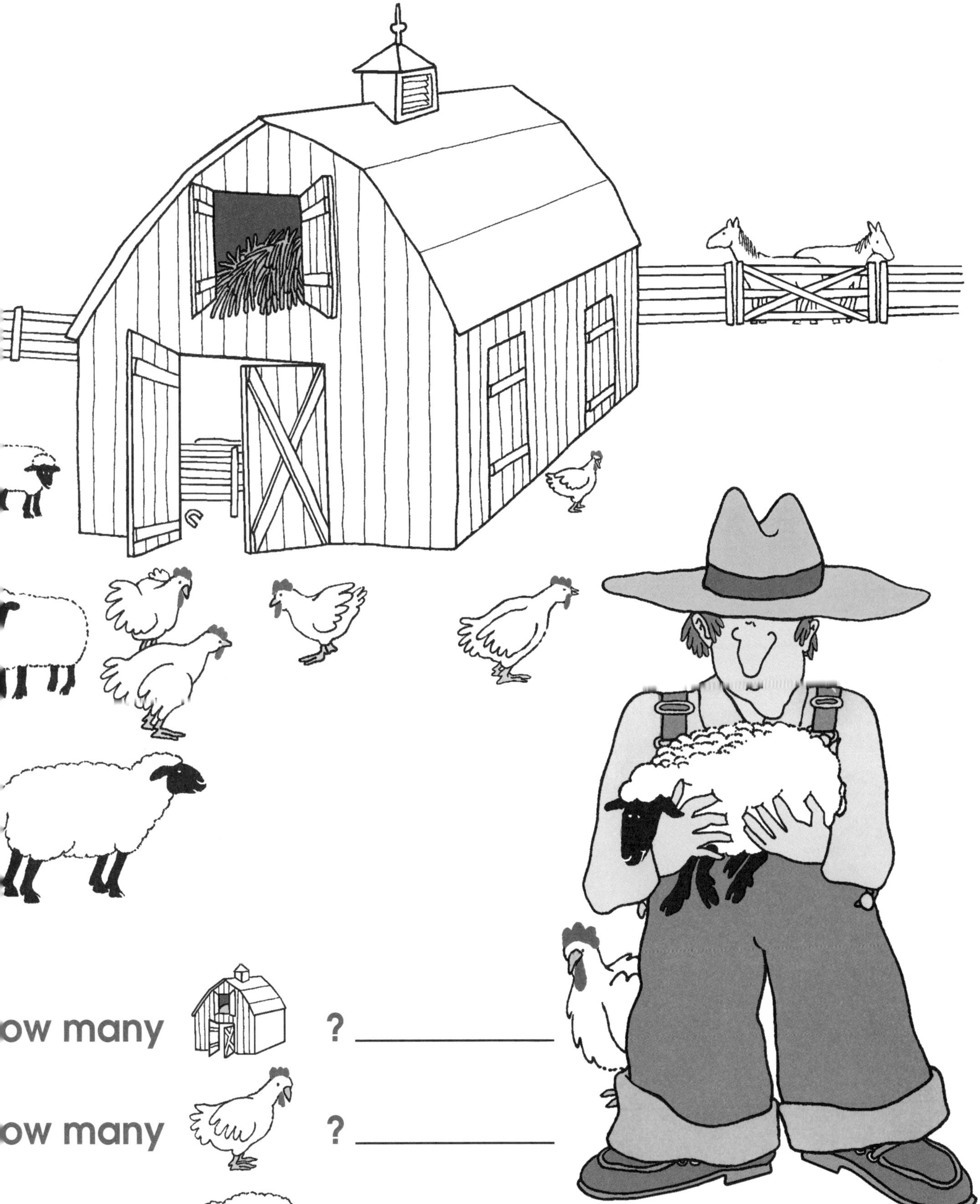

ow many ? ______________

ow many ? ______________

ow many ? ______________

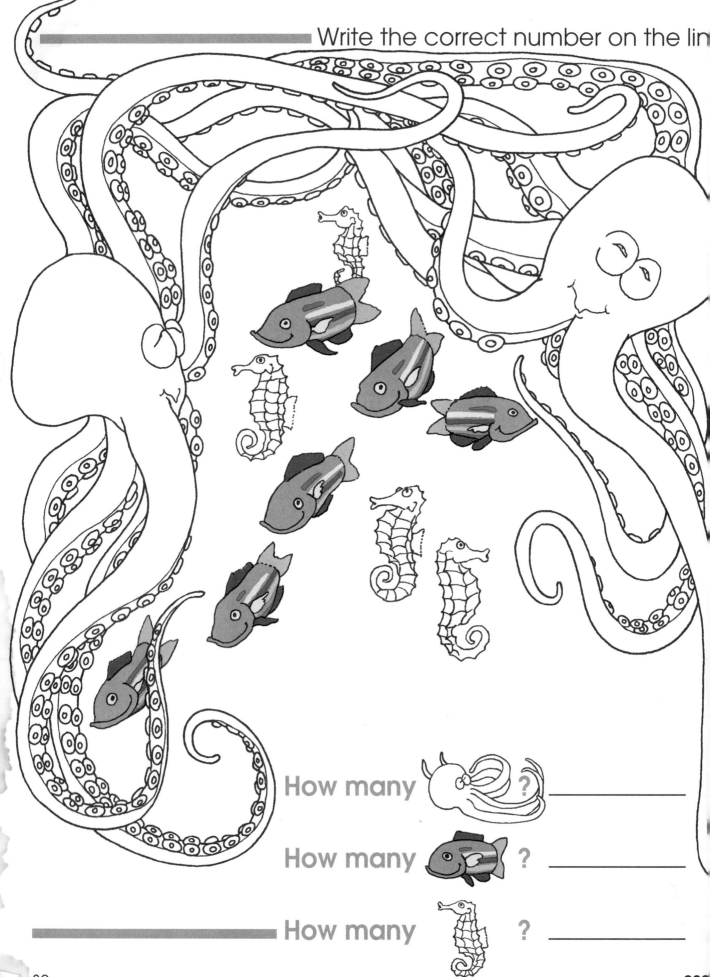

How many 🐙 ? _____

How many 🐟 ? _____

How many 🌊 ? _____

020